연 서

연 서

초판 1쇄 인쇄일 2017년 08월 14일
초판 1쇄 발행일 2017년 08월 18일

지은이 김재희
펴낸이 양옥매
디자인 남다희 송다희
교 정 조준경

펴낸곳 도서출판 책과나무
출판등록 제2012-000376
주소 서울특별시 마포구 방울내로 79 이노빌딩 302호
대표전화 02.372.1537 **팩스** 02.372.1538
이메일 booknamu2007@naver.com
홈페이지 www.booknamu.com
ISBN 979-11-5776-462-4(03810)

이 도서의 국립중앙도서관 출판시도서목록(CIP)은 서지정보유통지원 시스템
홈페이지(http://seoji.nl.go.kr)와 국가자료공동목록시스템
(http://www.nl.go.kr/kolisnet)에서 이용하실 수 있습니다.
(CIP제어번호 : CIP2017020045)

*저작권법에 의해 보호를 받는 저작물이므로 저자와 출판사의 동의 없이 내용의 일부를
 인용하거나 발췌하는 것을 금합니다.
*파손된 책은 구입처에서 교환해 드립니다.

연서

김재희 시집

책나무

| 프롤로그 |

시간이 빛을 얻어 생명의 순간이 오면

그대가 사랑한 들판으로 가리오.

꽃도 심고 나무도 심고

그리워한 하늘도 맘껏 보고…

내리는 소나기에 옷이 젖어도

목젖이 보일 만큼 크게 웃고 뛰놀다 잠들곤 하리오.

지난날 10원짜리 동전에는 추억의 값도 있다. 지금 생각해 보면 그 가격에 라면부스러기와 눈깔사탕은 나를 잘 다스렸었다. 1980년 잘 떠오르지 않는 기억들이지만 그곳에서 난 분명히 아름다웠다. 흙먼지가 이는 놀이터에서 뛰놀던 친구들은 어디에 있을지 아주 가끔 궁금할 정도로 세월이 입은 옷은 감정을 무뎌지게 만들었고, 오늘은 벌써 지나고 있다.

지인과의 통화에서 '조만간 보기로 해요.'라는 말과 함께 전화기를 내려놓는다. 기약도 없는 이 말은 이 사회에서 쉴 새 없이 되새겨지고 있고, 소리만 듣는 tv는 혼자 중얼거리기 일쑤다. 사람들과의 만남에는 말을 아끼려 애를 쓰며 살아가고, 속내를 알 수 없어 서로를 죽여 가며 살아간다. 가끔 좋은 만남을 했다는 것은 추억 속에서 답을 찾는 경우가 많다.

돈을 벌기 위해 뛰는 사람들과 길거리 버스킹을 통해 마음을 불리기 위해 나온 가수들⋯ 그 누구의 삶이 정답이라 말할 수 있을까? 돈을 벌거나 마음을 불리거나⋯ 개인의 취향에 맞는 정답을 가지며 살아간다.
　나이는 어른이나 소년의 마음을 간직할 때, 숙는 순산까지 영원히 소년의 마음으로 살아갈 때, 보이는 모든 여인들의 모습이 청초한 소녀의 모습으로 보인다. 머리에 흰 새치가 자리하고 얼굴은 주름진 한 아주머니가 저 멀리 구석에서 내 공연을 보고 있다. 난, 조용하고 분명하게 말한다.
"가까이 오세요. 제가 소년의 마음으로 노래하고 있으니 여기에 계신 모든 분들은 제 마음에 초대된 소년과 소녀들이십니다. 분명 너무도 아름답게 빛나는⋯."

하얀 새치머리카락을 겸연쩍게 쓸어 넘기던 그 소녀는 손으로 입을 가리며 웃고 있었다. 금전으로 채울 수 없는 행복을 마음에 담아낸 소년의 순수함으로 만들어 간다. 어린 시절 끊임이 없었던 웃음들을 되찾아가고 싶다. 어머니 아버지 두 분의 사랑으로 담았던 미소… 형제들과의 즐거운 추억과 함께 빛나던 햇살… 초라한 음식일지라도 도란도란 나누던 대화 속에서 맛나게 배가 불러 왔다. 그 시절 소년의 모습으로 돌아가고 싶은 마음을 담고 싶다.

10여 년 전부터 세계의 명산을 오르며 이런저런 계획을 세웠었다. 높은 곳에서 바람과 구름을 마주한 순간들… 그곳에서 하늘과 대화 했었다. 미래를 위한 삶의 계획과 의미들… 멈추어 있는 거대하고 아름다운 산과 하늘에 움직인다고 생각한 내가 나를 상의하며 이야기했었다. 그리고 원대한 계획들을 안고 세상 속에 내려와 보따리를 풀었지만, 그 계획들은 산 위의 계획이었다. 세상과 마주하는 순간, 여기서 살아가야 하는 사람들과 새로이 계획을 세워 가며 살아가야 한다는 걸 알았다.

지난 10년간의 빈 공간은 끔찍했었다. 그러나 넘치고 있는 지금의 샘물을 감지하지 못하고 있었나 보다. 그것을 채

우는 순간이었음에 감사하다. 길을 가다가도 감사하고 차 한 잔에 감사하고, 추억이 너무도 크기에 감사하고, 지금 이 순간 추억이 되고 있음에 감사하다. 선선한 바람이 불어와 함께 사는 희망에 감사하다.

  감사함의 마음을 갖는 찰나 쉼이란 것이 찾아오고, 그 쉼에 숨결이 생겨 삶의 순간순간에 의미를 불어넣어 다시 생명이 태어남을 크게 감사한다. 조금씩 천천히 그리고 보듬으며 웃음이 있는 삶을 살아가게 됨을 그분께 또 한 번 감사한다.

  시간이 빛을 잃어 생명의 순간이 꺼져 가면…
  그대가 있는 영원의 순간으로 가리오.
  꿈에서 깨어나 충선이 된 나를 일으켜
  그대와 내가 영원히 함께하는 생명의 순간으로 가리오.

2017년 8월
김재희

목차

프롤로그　　　　　4

1부 나, 그대, 사랑

어찌하여 12 | 죄인 14 | 사랑하다가 16
당신은 17 | 편지 18 | 똑똑 20
아프다 22 | 그리움의 주인공 24
매일 26 | 작은 평화 28 | 만남 29
그대와 나 30 | 하얀 슬픔 32
그대가 있을 곳은 없습니다 34
기다림 35 | 길 36 | 그대이기 때문에 38
미소를 띠운다 40

2부 그저 그런 하루 속에서

아침 44 | 밤의 초대 45 | 소주 한 잔 46
성공과 실패 48 | 어디로 가고 있나요? 50
시선 52 | 행복한 인생 53
사람과 사람 사이 54
길가에서의 상념 55 | 요리사 56
소문 58 | 밤으로 1 59 | 불면증 60
생로병사 62 | 고민 64 | 운동 65
쉼의 시간 66 | 밤으로 2 68

3부
자연
그 어디로든

꽃길 따라 들길 따라 72 | 비가 온다 74
별과 달 76 | 달의 기운 78 | 야행성 80
어디로든 81 | 관심병 82 | 사막 83
아름다운 겨울이 나를 지나고 있습니다 84
지금 86 | 친구 88 | 가족 90 | 낙엽 91
달 92 | 푸른 하늘 94 | 열매 96 | 물 98

4부
기억 상자를
꺼내어

친구의 봄 102 | 작은 방 104
친구에게 106 | 엄마 2 108
아버지 110 | 자동차 112 | 전화 113
쇼핑 116 | 걷는다, 걸어간다 118
방송 119 | 식사 120 | 함께 122
티브이 124 | 모임 126 | 아이 128
형 129

5부
삶의
작은 일부들

팔레트 134 | 이어폰 136 | 화장품 138
벤치 139 | 돈 140 | 트리 142 | 상 144
커피 145 | 노래 146 | 신발 148
문 150

어찌하여
죄인
사랑하다가
당신은
편지
똑똑
아프다
그리움의 주인공
매일
작은 평화
만남
.
.
.

1

나,
그대,
사랑

어찌하여
-

사랑할수록 아픈 거라면
하지 말아야 할 일이 분명한데
어찌하여 더욱더 빠져 가고 있나요?

그대 목소리가 자꾸만 들려오고
그대 온기가 곁에서 머물러 떠나질 않고
애꿎은 마음은 심하게 두근거려
황홀한 건지 부끄러운 건지…

보고 싶고 다가가고 싶고
어려지고 어려워지고 어지러워지고
꿈속까지도 그대로 가득하고

어찌하여, 어찌하여 사랑은
들려오는 노래로 귓가에서 맴돌고
내리는 비에 젖은 감성으로 다가오고

혀를 사로잡는 맛으로 다가오고
아름다운 풍경으로 다가온답니까?

사랑에 깊이가 있을까요?
끝을 헤아려 보지만 끝도 없이 빠져 버립니다

아…
어쩌다가
어떻게
언제부터
빠질수록 가슴이 저려오는 아름다운 통증, 사랑…
그 애절한 마법 사탕을 먹게 되었을까요?

어찌하여…

죄인
-

나의 육신은
그대를 향해 다가가지만
나의 영혼은 이미
그대 안으로 스며들었습니다

첫눈 내리는 날 약속된 연인들의 이야기처럼
달콤하고 행복한 떨림을 담은 사연이
달을 지나 태양을 향해 달려가고 있습니다

숨은 쉬고 있지만
그대의 눈짓 손짓 하나에
벌 받는 심장이 되어 멈추어 버립니다

그대를 사랑한 난

죄인이 되어 감옥에 갇힙니다

그대라는 빠져나올 수 없는 무기수의 독방에

영원히…

사랑하다가
-

내 몸이 세월을 입었다

바람 소리와 흔적의 시간이

구구절절 섞이어서…

간다 하니 잡긴 하더라만

되돌아온다 한들 처음과 같지 아니함에

그대가 어디에 있든 함께 감이다

이제 갈 길이 멀다마는

모든 것이 지나감이 이치이니

온다 간다 하는 것이 오직 그곳에 있더라

아… 사랑하다가…

내 맘이 추억을 입었다

그것은 정녕 그대와 내가 함께하며

여행의 시간 속에서 있었기에…

당신은
-

사랑하는 중입니까
사랑받는 중입니까

사랑하는 것도
사랑받는 것도
사랑을 담고 있는 것이기에

사랑의 주인공이 되어
살아가는 중이라는 것을
당신은 알고 있는지요

당신은…
알고 있는지요

편지
-

당신과
하고 싶었던 이야기
하지 못했던 이야기를
침묵의 마음으로 적어 내립니다

작은 화분에 물을 주며
반드시 꽃을 피워 보려는 마음처럼
애절한 이야기를 담기에
더욱 그리워지는 당신입니다

먼 하늘을 바라봅니다
사이좋게도 구름과 산은
함께 아름답기만 합니다

많이 추운가요?
굶주리고 있지는 않은가요?
궁금한 당신의 사연을 듣고 싶습니다

어디선가 날아온 새들에게 묻습니다
당신을 어디에서라도 본 적이 있느냐고
어디론가 날아갈 새들에게 전합니다
당신이 어디에 머물건 평온하시라고…

슬픔은 지나간 듯 위장되어졌지만
그리움은 바람처럼 불어오고 불어 가고
기다림은 처량한 빗물처럼 내립니다
보고픈 그대에게 편지를 띄웁니다

당신과
하고 싶었던 이야기
하지 못했던 이야기를
침묵의 마음으로 적어 내립니다

똑똑
-

계십니까?
감사한 마음 가지고 왔습니다
문을 여서도 된답니다!

반갑습니다!
그토록 기다렸던 마음은
당신을 맞이합니다

미안합니다
마음은 그렇지 않은데
결과가 그만 그렇게 되었습니다

감사합니다
매번 제게 특별함을 주서서
갚아야 하는데 이 말밖에는요

그리고
사랑합니다
표현을 할 줄 몰라
서성이다 맴돌다가 차마 담지 못하다가
꾹꾹 용기 내어 봅니다

사랑하고 사랑합니다
앞으로 더 푸짐하게
강한 손맛이 담긴
지금 이대로의 우리 모습과 마음을
사진 찍겠습니다

아프다

-

날 보낸 건 그대인데
내가 아프다

찬바람이 불어도
찬비가 내려도
그대의 어깨로 가리었는데

그런
그대가 떠나고 나니
남은 내가 아프다

남은 건 나이건만
내가 아프다

따가운 햇볕이 비추어져도
차가운 눈보라가 휘몰아쳐도
그대의 가슴으로 가리었는데…

그런

그대가 떠나고 나니

남은 내 가슴이 더 시리게 아프다

그리움의 주인공
-

비가 오려면 오든가
더우려면 덥든가
건너 산에 구름이 꽉 찼다

내게 오려면 오든가
내 님인가 네 님인가
마음에 사랑이 꽉 찼다

간다면 받아 주오
내 눈엔 그대만이 꽉 찼소

비가 오는 것도 바람이 부는 것도
밤이 오는 것도 숨 쉬는 것조차도
그대가 주연이고 나머진 세상의 모든 건 조연이외다

사랑하며 살아가는 것이 아름답다 하던데
살아가며 사랑하는 것이 죽을 만큼 힘들더이다
눈물도 빗물도 강물도 모두 그대로 보이더이다

그대여… 그대는,
그대로 시작되어 그대로 끝이 나니
사랑으로 빛나고 눈물로 내리더이다
그대가 그리움의 주인공이 되었더이다

매일
-

사람들은 매일을 함께 시작하지만
매번 특별함을 기대하며 살아간다
결국 같은 밤을 맞이할 거면서…

심장 소리…

너의 심장 소리가 들려
희미하게 들려

가까이 다가가려 해도
저만치로 가 버리는 너의 심장 소리가 들려와…

작은 발걸음으론
따라갈 수가 없어
그런 바보로만 남아
밤이 다가도록 듣고만 있어

갑자기 전해지고 느껴지는 심장 소리가
내게 들렀다 가고,
당황하며 헤매는 나의 심장 소리는 들켜 버리네…
돌부리에 걸려 넘어진 것처럼
깜짝 놀라서 휙 뒤돌아보다가
다시 걷고만 있어…

너의 심장 소리 때문에
너의 심장 소리 때문에
……?!
지금도 너의 심장 소리가 들려와

작은 평화
-

나는 당신에게 작은 평화였으면 좋겠습니다
힘겨운 삶의 순간에 미소를 살짝 선물하는…

나는 당신에게 힘찬 응원이었음 좋겠습니다
아침에 눈을 뜨는 순간부터
나의 존재를 생각하면 힘이 되는…

나는 당신에게 빈 의자였으면 좋겠습니다
걷다가 지칠 때 따뜻한 햇볕을 받으며 쉴 수 있는…

그리고 한 가지
당신은 내게 온전한 희망이었음 좋겠습니다
꿈꾸던 모든 것이 바로 당신이기 때문입니다

만남
-

하루 중에 하루를
그대를 그리워하는 시간이었다
온종일 그 길에 서서
밤을 맞이하며 또 다른 그리움을 만난다

그리고 사랑한다던
그날의 약속들에 취해서
돌이킬 수 없는
지난날들을 바라보고 있다

만남이란 말이
내게는 그토록 사치였던가 말이다
만남에서 이별은 늘 그림자처럼 따라다닌다
지금도 그대를 만나려 하는 내가 밉다
그리고 두렵다

그대와 나

-

그대가 있는 곳을 스쳤을지 모를
작은 바람이 지난다
다시 나를 지나며 그대에게로 돌아가는…

그대에게서 떠나온 지 몇 날 며칠
행여 내게로 오지 못한다면
흙먼지 거친 강가를 지나
다시 돌아올 것을 믿는다

미지의 생을 사이에 두고
그대와 내가 서 있다
미지의 꿈에서 그대를 만나고
일어나는 아침이면 그대를 또 잃는다

그대와 나!
내 숨결 안에 머무는 것조차 그대이고
나라고 여기는 것 모두가 그대이다

멀리에 그대는 있지 않다
내게서 그대는 살고 있다…
지금 바람이 내게로 지나듯이
내 곁을 스쳐 들고 나는 그대여…

하얀 슬픔
-

존재하는 나와 너
존재하지 않을 나와 너
존재하는 것이 좋은가,
존재하지 않을 것이 좋은가

만나지 말았어야 더 아름다웠던 이야기였을까?
그렇게 우리의 만남은 그저 즉석카메라에 찍힌
빛바랜 사진처럼 끝나 버렸다

눈물이 넘쳐남에, 사랑이 터져 나옴에
그 어떤 공장보다도 큰 내 마음의 공장에서
만들어 내는 명품 슬픔이리라
그것은 순수하게 빛났던 하얀 슬픔이어라

존재하는 과거와

멈추어 있는 미래는

잊혀져야 하는 우리의 모습…

조용히 지나런다

낯선 슬픔이어서인가

살아 있음이 소외된 이방인의 삶처럼 느껴진다

멀어진다. 조금씩…

그대가 있을 곳은 없습니다
-

그대가 있을 곳은 없습니다
내 가슴에 그대가 있습니다

그대가 숨을 곳은 없습니다
내 눈에 그대가 가득합니다

계절이 바뀌고 그대도 바뀌어도
계절은 그대로고 그대도 그대로입니다

멀리라도 멀리이지 않으며
가까이에도 더 가까울 뿐입니다

결국 그대가 있을 곳은 여기입니다
그대가 나의 그대이기에 그러합니다

기다림

-

기다린다는 말…
기다려야 하는 사람은 오래고
기다리라 하는 사람은 빠르고

가고 오는 것
간다는 것은 없다는 것과 다르며
온다는 것은 있다는 것과도 다르다

시작하면 시작된다
새로움을 원해 시작하기도 하나
이어 가기 위해서도 시작하기도 한다
즉, 시작하면 시작되어진다는 것…
그래서 기다림이란 있나 보다

아름다운 만남이었기에
긴 기다림에 목 놓아 울고 있나 보다

길

-

가는 길에 만났다

떨어진 낙엽 길 위에 밀어가 속삭이고

그것이 마음으로 전해진다

사랑한다

사랑한다

한손에는 다른 한손이 겹쳐져 있고 걸음은 느리다

오는 길에 만났다

가녀린 초승달이 구름에 살짝 가려진 틈에 남녀는 서 있다

마음으로 서로를 본다

사랑한다

사랑한다

서로를 바라보며 얼굴을 묻는다

가는 길도 오는 길도 모두 아름답다

그곳에 나만의 기준은 없었다

아름답고 달콤한 사랑에는 말이다

이제야 알았다

세상에 가장 아름답고 큰 길은

세상의 모든 사람들이 길가의 저들처럼

사랑하는 것임을…

그대이기 때문에
-

그대여 그대는
늘 알 수 없는 신비함으로
나로 하여금 당신을 바라보게 하는군요
무슨 뜻이 있겠어요. 그저 바라봅니다

그대여 그대는
늘 세상에서 유일한 힘으로
나로 하여금 당신을 불러 보게 하는군요
왜라고 하지 마세요. 그저 불러 봅니다

바라본다. 불러 본다
쉬엄쉬엄 길을 걷다가 우연처럼
길가에 핀 꽃을 보듯이 바라봅니다

아무 의식 없이 사랑 노랠 흥얼거리다가
툭 내뱉은 말이 그대의 이름인 것처럼
불러 봅니다

그대이기 때문에…

미소를 띠운다
-

오늘은 그 어디에서
미소를 띠워 보내고 계신가요. 그대…

추억이 하도 많아
바람 부는 이곳에 오늘도 서 있습니다. 그대가…

그대를 더 많이 사랑하는 나는
미소 가득한 세상에 안긴 듯 행복합니다

살랑이는 나뭇잎에 멈춘 시선
그대의 미소가 멈춘 듯합니다

귀 기울여 날 들여다보고 있노라면
가슴엔 온통 그대의 조각들이 고이어 쌓였음에
눈물이 나게 고마울 뿐입니다

우리의 만남, 사랑, 기억, 추억…
이 모든 건 그대의 미소가 작은 시작일 거라 봅니다

그대여, 그대의 미소가 나를 스칠 때
생명의 약속들이 나를 가둡니다

그리고 이렇게 지금도
그대는 그대의 강렬한 미소를 보내는군요

아침
밤의 초대
소주 한 잔
성공과 실패
어디로 가고 있나요?
시선
행복한 인생
사람과 사람 사이
길가에서의 상념
요리사
소문
.
.
.

2

그저
그런
하루 속에서

아침
-

아침…
따끈한 한 잔으로 펼쳐보는 하루의 희망
떨림으로 기다리는 마음이 사실이 되길 바라며…

가야 할 곳엔 미소가 동행하며
기쁨의 노래와 흥겨운 춤들이 이미 놀이판을 벌이고 있다
떨림의 순간순간이 꿈의 현장이 될 수 있기를…

시작되어지는
세상의 모든 나와 너에게 펼쳐진
새로운 아침

밤의 초대

-

낮은 수줍고 부끄러워서인지 붉은 빛으로 서서히 짙어지고
어둠으로 사라져 밤으로 완성된다
형형색색의 반짝이는 불빛들과
그보다 더 밝게 빛나는 별빛들 그리고 사람들…

왜 이토록 죽도록 아름다운가?
어제의 우리도 지금의 우리도 그리고 오늘밤 또한…

밤의 초대가 이쁘고 기쁘나
이리로 저리로 분주히도 초대해 주는
항상 바쁜 밤이 이쁘고 기쁘다

억세게 재수 좋은 우리 님들아,
밤의 초대가 있으니 기뻐해도 된다
이렇게 밤의 연료가 내일의 내가
또 다른 나와 만나서 이루어짐으로 이루어져 가기 때문에…

소주 한 잔
-

가까이에 있었다면
소주 한잔하고픈 날이다

지난밤이 쌓인 날들이
잠시 내게 쉬어 가는가 보다
웬 바람이 이리도 많이 부는지
그리움이 차곡차곡 고이고 지난다

창문 열어 먼 산에는
구름 가고 달도 가고
그대도 따라가는구나
웬 세월이 이리도 빨리 가는지…

전화라도 한 통 오면
소주 한잔하자고 하고픈 날이다

세월 가도 만나는 건
바람이오, 구름이오, 먼 산이오
그저 홀딱 께벗은 내 몸
그뿐인가 하여라

겨우내 머무르는 동안
지나감이 지나감을 지나
봄이 오고 있다는 것을
나는 보았다

아… 네가 보고픈 건
미워도 보고픈 건 어찌한단 말인가
꿈에라도 본다면
소주 한잔하고픈 날이구나!

성공과 실패
-

엉뚱한 곳에 목숨 걸고 도박하며 뛰어들었다
정작 진짜가 나타났을 땐 의심이 생겨 뛰어들지 못한다
그 후로도 이렇게 반복한다
그것은 실패였다

수없는 같은 상황들의 반복
나이기에 또다시 당하고 또다시 당하고
1년이 10년 되고 습관이 되고 내가 되고
행복을 꿈꾼다면 내가 적어 놓은
행동방식 10가지를 제외하면 된다

존버정신… 그 아름다운 이야기와

빠삐따… 그 아름다운 행동이 만나면 성공이다

내 인생의 간식은 실패다

내 인생의 주식은 성공이다

간식이 주식을 역전하면 꽝이고

주식에 많은 반찬이 있다면 성공이다

난 지금 어디일까

난 아마노 주식에 많은 반찬을 먹고 있는 중이리라…

어디로 가고 있나요?
-

오늘도 커피 한 잔을 시작으로
내 삶의 스위치가 켜진다
어김없이 오늘 아침은 배달되어졌다
커피 한 모금 하고 내게 툭 던지는 말
"오늘은 어디로 가려 하나요?"

나의 소속사는 현재를 지나는 미래
적던 크던 가능성은 미래의 심장에 겨눈다
현재는 포탄의 타들어 가는 심지
내겐 다른 길이 없었다
그럴 때마다 다시 가능성을 믿으며
내게 툭 던지는 말
"지금 어디로 가고 있나요?"

어느 동화 속의 공주를 사모하듯이
오늘도 나의 미래를 간절히 사모하며 행복을 바란다
그리고 내게 툭 내뱉는다

"난 지금껏 잘해 왔잖아!"
허한 바람도 지나며 한마디 거든다
"넌 잘해 낼 거야."
그 바람은 불어오는 바람인지?
내가 바라는 희망의 바람인지?
어느새 휙 지나쳐 간다

어디로 가려 하나요?
어디로 가고 있나요?
어디쯤 가고 있나요?

오늘이 내일로 옮겨지고,
내일은 기적이 되어 나타나고
나는 나를 먼 훗날로 유괴한다
그대여, 그대는 지금 어디로 가고 있나요?

시선

-

보이는 곳에 가 있는 것은 시선이 아니었습니다
쓸쓸한 마음 접어놓은 채 그냥 바라본 거니까요

스쳤던 날들에 멈춰 있는 것은
당신이 아니었습니다
결국 나를 바라봄에
당신이 태어날 뿐이었습니다

그렇기에 우리의 시선과 마음은
어디로 향하는지 아무도 알지 못합니다
삶에 담근 무지의 시선이기 때문입니다

행복한 인생
-

남은 것은 남은 자의 것
가져갈 것은 없다

축제는 늘 존재하나
내가 참석하느냐의 문제

물구나무로 서 있기로 하자
거꾸로 선 채 바라보면 세상이 바보 된다

행복한 인생이란 무엇이더냐?
괜찮은가 나에게 물어보면 답이 나올 것

행복은 늘 존재하나
내 스스로 누리느냐의 문제…

사람과 사람 사이
-

음악이란 것은 아주 작은 것
음악으로 사람을 이야기하기에는
모자란 시간

이런 사람도 저런 사람도
결국 그저 그런 사람

달리는 차 안에서 바라보는 도시
멈춰서 집 안에서 바라보는 도시
생각과는 다른 모습들…

사람과 사람 사이는
보는 것도 느끼는 것도 아는 것도
헛갈린다

길가에서의 상념

-

눈으로 보이는 것은 작습니다
마음으로 보이는 것은 큽니다
그러나… 사람들은 주로 눈으로 보고 믿으려 합니다

우리가 어디로 가는지는
지금 서 있는 곳에 따라서 달라집니다
그리고 자신의 마음에 따라서 한 번 더 달라집니다

길가에는 참 많은 사연이 쌓여 있습니다
누가 어떤 삶으로 어떤 결정으로 지나갔을까요
그저 삶이 그런 거라며 누군가가 말하듯이 느껴집니다
상념을 접어둔 채로 다시 걸어갑니다

요리사
-

지난날들을 잠시 꺼내어 본다
어떤 맛이었던가…
어제는 담백한 고기 육수에
국수를 말아 먹은 것처럼 편안하고 든든한 하루였다

만남으로 이루어진 삶의 재료들…
모이고 섞이어 향을 내고 맛을 내어
하루라는 요리가 탄생되어진다

그렇게 맛을 내며 살아가다 보면은
언젠가는 아버지처럼 어머니처럼
멋진 요리가가 되겠지

쓴맛도 맛이고 단맛도 맛이고
매운맛도 봐 봤고 삼켜도 봤고 뱉어도 봤다
그렇다면 맛을 아는 요리사가 된 것이려나

더 좋은 재료를 찾으려 실패도 했었고
더 달콤한 맛을 얻으려 과하게도 살았었고
의기소침해서 맛을 잃은 순간도 있었으니
진정한 재료와 경험은 다 얻은 셈이다

오른손엔 칼이 있고 왼손엔 느낌이 있고
지난 삶엔 좋은 재료들이 가득하다

힘겨운 인생살이
자!
오늘부터는
내가 내 인생의 요리사~

소문
-

한 사람의 입에서 나온 말이
두 귀로 전해져서 곱하기로 나가게 되고
또 두 귀로 전해져서 곱의 곱으로 나가게 되고
오늘 시작된 한마디는 내일이면 우주 끝으로 가 있다

소문이 끝나려면 두 귀로 듣되
입으로 보내지 말고 마음으로 심어라
허공이란 끝이 없으니 던지는 순간
내가 가는 길목마다 만나게 될 것이다

밤으로 1
-

나도 간다
너도 간다
두둥실 저 달도 넘어간다

불 꺼진다
불 켜진다
지화자 불 켜진 곳으로 찾아간다

어두워져 가는데 화려해져 가고
만들어진 모습에 취해 가며
웃음도 싸움도 많아지는구나

밤으로 간다
그리고 나도 따라간다
또 세상이 함께 따라서 간다

불면증
-

깊이 가지도 않고 안 가지도 않고
불안하기가 짝이 없다
나의 시계는 늘 새벽이다
사람들의 시계에서는 제일 외면된 시각
오늘도 불면의 밤이다

당신이 잠들어 있는 순간
나는 나눈다
그리고 관찰한다

어둠이 밝음으로 오기 전에 잠들고 싶다
어둠에 스며드는 밝음을 기쁘게 느끼고 싶다
밝음이 싫어지는 순간이라면 당신도 불면의 밤이다

똑바로 세상을 바라보며 환하게 웃고 있다

세상은 뒤돌아서서 나를 비웃고 있다

그래서인가 불면증에 시달리는 밤

순간 나는 괴물이 되어 간다

불면의 순간에는 엄청난 양의 에너지가 넘쳐난다

괴물처럼 말이다

생로병사

-

나는 생에서 노로 가고 있다
병과 사는 좀 더 뒤에 기다리고 있으니
아직은 많이 남은 거 아닌가

편하려 한다고 생로병사가 안 오는 것 아니고
어려워도 생로병사가 안 오지 않는 법
마치 냉장고에 병과 사를 보관한 것처럼 곧 꺼내야 한다

운명이란 것이 생로병사란 네 글자에 속해 있으니
자식과 같다 여기자
늘 감사하며 사랑하며 다가가자

심심할 틈이 있겠는가?
고민할 틈이 있겠는가?
부지런히 준비하자

순간적으로 다가오는 것
만나는 모든 것이 최초이나
사로써 과거로 정지될 것이다

생로병사
그것을 느낄 수 있는 우주 생명체가 있으니
바로 그대!

고민
-

생의 첫 고민은 무엇이었을까?
기억나지 않는다

맛있을까?
잘될까?
어떻게 해야 할까?
누구를 만나야 할까?

때론 혼자서 주관적으로
때론 여럿이서 통상적으로

지금도 난 고민한다
내가 고민 고민하는 고민들을…

운동

-

나를 채움의 시간이 헛되지 않으며
근거 없는 말들에 휩싸이는 시간을 줄여 주며
내 안의 나를 끊임없이 채찍질하여
작은 냄비를 큰 가마솥으로 만들어 주는 시간

인생에 속전속결이 없다는
작은 교훈을 주는 울림의 순간들
인물로도 학벌로도 돈으로도
넘어설 수 없는 피의 끈적임…

오늘도 쌓아 간다
그러나 아쉽게 반백 년 안의 이야기일 뿐!

쉼의 시간
-

바쁜 오전과 오후의 중간
텅 빈 공간 속에 차 한 잔과 나
첫 향을 음미하며 하늘하늘한 파동을 느낀다

쉼의 시간은 나만의 낙원을 만드는 시간…

허투루 쓰려고 맘을 먹는데
이 시간이 금보다 값진 시간 되어 간다
뭔가 뒤죽박죽인 마음이 황홀한 영혼이 되어 깨어난다

쉼의 시간은 잠자는 숲 속의 공주를 만나는 시간…

붉은 단풍나무를 보며
내가 나에게 소리친다
그리고 있는 대로 호들갑을 떤다
꾸미려고 하지 않는 한 생명체의 자유로움이
거대한 자연의 아름다움에 취해서 아무렇게나 소리친다
정리하지 않고 쉰다
이렇게 쉼의 시간도 지난다

널브러진 자유는 언덕 위로 올라선다
움직임이 일고 평화로움이 끝나 간다
이렇게 아쉬운 쉼의 시간이 지나간다

밤으로 2

-

밤사이로 지나간다
그 누구도 지나지 않은 곳을
열어 가며 들어간다

밤 안으로 묻혀진다
차갑고도 외로운 순간 속으로
포근하게 들어간다

밤으로
밤이므로
밤이어서
밤 때문에

어둠이 낯을 가리고
마음의 부끄러움을 가리어
비로소 떳떳하게 밤 가운데에 서 있다

보라!
불빛 사이로 비춰지는 지난날의 숱한 얼굴들을
한 줌도 쥘 수 없는 연기 같은 사연들이 부서진다

보자!
밤에 만난 나와 너의 가식 없는 얼굴을
그리하여 잉태하며 만나는 생명과 사랑의 조각들을…

지금 우린 밤의 품으로 걸어간다
이곳에서 헤어지지만
마음에서 만나고 있는 우린
아마도 사랑하고 있나 보다…

꽃길 따라 들길 따라
비가 온다
별과 달
달의 기운
야행성
어디로든
관심병
사막
아름다운 겨울이 나를 지나고 있습니다
지금
친구
.
.
.

3

자연
그
어디로든

꽃길 따라 들길 따라
-

가네… 가네… 꽃길 따라 가네
울퉁불퉁 꼬불꼬불
꽃피고 지는 꽃길 따라 가네

오네… 오네… 들길 따라 오네
들불 번지기 전에
씨앗 익어 가는 들길 따라 오네

오메 가메 꽃길 따라 들길 따라
잠시 누운 뜰아래는 들국화 향기…
꽃길로 들길로 산길 따라 전하여지네

느닷없이 내리는 비가
한없이 더욱더 고운 길로 만들어 주고
꽃길 들길이 생명 길로 맵시 있게 다시 태어나네

우리네 삶은 늘 푸름에
행복도 사랑도 시련도 아픔도 모두다 덤이로구나!

비가 온다
-

비가 온다!
비와 함께 내리는 시
사랑과 이별의 시가 비가 되어 내린다
시가 비가 되어 내리고 비가 시가 되어 내리고…

다소곳이 내리던 비가 무서운 비로 바뀐다
순간 아련한 사랑의 시가 격정적인 이별의 시가 된다
네가 오면 나도 오고 네가 가면 나도 간다
아… 그냥 노래나 부르자

당신이 비가 되면 내가 시가 되고

당신이 시가 되면 또 당신이 비가 된다

시가 비를 적신다

비가 시를 쓴다

향기롭게 시작되어 아름답게도 서글프게도

비와 시

그것은 끝나지 않을 사랑 얘기!

별과 달
-

서로가 바라만 보다가 밤을 지새웁니다
사랑하여도 안길 수 없는 슬픈 사랑의 이야기…

행여 흐린 날에는 서로를 보지 못할까 봐
더욱 강렬히 빛을 발합니다

영원히 만날 수 없기에
영원히 사랑하는 법을 배웠습니다
한자리에서 서로를 바라보며 지켜 내는 법을…

다툴 수도 없고 손잡을 수도 없지만
헤어지는 일도 함께하는 일도 못하지만
간절히 사랑하는 슬픈 연인들…

요정은 밤을 수놓고
달은 꿈을 나르고
별은 꿈꾸는 자들을 일깨워 줍니다

서로의 처지를 너무도 잘 알지만
가까이 할 수 없어 보여 주지 못하는
안타까운 비밀을 간직한 채
그렇게 함께하기를 영겁의 세월이었다 하지요

흐르는 세월을 떠나보내며
별도 달도 하얗게 꿈을 꾸러 갑니다

그리고…
그들은 지금처럼 서로를 사랑할 겁니다

달의 기운
-

달이 보름달이면 나도 보름달
달이 반달이면 나도 반달
달이 초승달이면 나도 초승달

달이 뜨면 나도 모르게 서성이고
달이 기울면 나도 따라서 집으로 가고
달이 지면 나도 잠들어야 하는데…

하늘을 올려다보면
앙상한 나뭇가지 사이로 달이 보이네
어정쩡한 나를 그래도 비춰 주네

하늘을 올려다보니 어느새
그 달은 가고 없네
마치 바람처럼 지나가고 없네

달처럼 따뜻하고

달처럼 달콤하고

달처럼 부드러운

달처럼 부끄러워하는

그대여!

그대는 내게 매일

달의 기운을 보낸답니다

야행성
-

밤에 잠을 이뤄 본 지 오래다
밤이면 반짝이는 별과 같이
나의 심장이 뜨거운 빛을 토해 낸다

느껴지는 하늘은 푸르듯이
나의 밤도 푸르며
끝도 없는 이상의 길을 찾아 떠난다!

어둠은 없다!
더없이 넓으며 더없이 푸를 뿐
그리고 더없이 따뜻하다
아마도
나의 집 야행성으로 가는 길이어서인가 보다

어디로든
-

구름은 어디로든 가네요
내 마음도 그러하다지만 내 몸 안에 갇혀
이 자리에만 맴돌고 있답니다

산 뒤에 숨어서 좀처럼 나오지 않던
달도 뽀얗게 얼굴을 비춥니다
행여 내가 기다리는 걸 아나 봅니다

오늘노 이렇게 어디로든 가고 있네요
빈 하늘을 바라보며 꿈을 가지고요
저 너머에 있는 사실이 아닌 삶을 향해서요
자꾸만 하늘을 올려봅니다

내일 또 어디로든 가고 싶겠죠

관심병
-

하늘에 도장 찍힌 듯 박힌 초승달은
옆 동네 별님과
서로에게 관심을 주며 나란히 살고 있습니다

산 위에 푸른 소나무는
크고 작은 바위를 안고
서로에게 관심을 주며 살아가고 있습니다

불어오는 바람일까요
떠나가는 바람일까요
내 곁을 자주 스칩니다

아마도 꿈이 아니기에
함께 살아가라는 건가 봅니다
그래야 꿈처럼 아름다울 테니까요

세상은 서로에 대한 관심과 함께 숨 쉬나 봅니다
병처럼 스며드는 서로에 대한 집착으로…

사막

사막이란 곳은
신의 땅이라는 오선지에
신의 바람이라는 연필로 작사 작곡한 대서사시!

잔잔한 평지는 고요한 강물과 같고,
우뚝 솟은 부드러운 사구는 비단과 같다 하지 않던가

크고 작은 사구에서 음률이 흐른다
사랑, 자연, 생과 사, 인간…
모든 것들을 하나로 만드는 순간이며
위대한 신의 연주 시간이다

신의 오선지에는 매일 어김없이 쓰여진다
들려진다, 보여진다
군더더기 없는 대자연의 서사시가!

아름다운 겨울이
나를 지나고 있습니다
-

가을이 지나며 겨울을 기록합니다
그것은,
저 하늘 위의 눈이 발밑으로 떨어져 내림을 기록합니다

쓸쓸함은 여름보다 더 깊어지고
따스한 누군가의 마음이 그리워집니다

눈개비가 바람을 타고 세상을 잘게 나눕니다
순수하게 나누지 못함에
내리는 눈개비를 바라만 보는 나입니다

아무도 밟지 아니한 눈길을 밟는 것…
어쩌면 내일로 걸어가는 것입니다

지금 눈길을 걷는 마음으로 하늘 위의 길을 걷습니다

비로소 나는 자유를 느낍니다

일 년에 몇 번 없는 자유의 길을 차분히 걸어갑니다

하얀 눈길을 밤새워 걸으며

내 발 아래로 떨어진

아름다운 자유를 고스란히 밟아 갑니다

지금
-

눈앞에는 분홍 노랑
귓전에는 청명한 새들의 소리

꽃신과 꽃길이 만나
꿈길이 되어 가고

춤추는 나비가 날아와
꽃봉오리에 내려앉고

소박한 구름은 뭉게뭉게
비틀거리는 설산을 덮고

꽃피고 새운다 하였던가
아… 봄이어라

나도 춤추고 싶은데
그대들은 또 얼마나 흥겨울까

온몸을 조율하고 새롭게 시작하게 하는
아… 봄이어라

친구
-

산속에 소망탑 돌들이 서로 엉켜 있다
밑에 있는 돌은 위를 떠받치며
위에 있는 돌은 아슬아슬 빛을 받는다

어느 날엔가 비바람이 강하게
내리다가 그쳤다
비는 바람을 타고 이곳으로 저곳으로
아니, 바람이 비를 싣고 이리저리 날아간다

아침에 눈이 부셔 일어나니
태양은 떠 있다
달은 어느새 태양에게 자리를 내어주고 떠났고
태양은 응달 없는 곳을 위하여 바쁘게 빛을 낸다

우리는,
싸우지 않으면 친구요
싸우면 적이 된다
그러나 내가 아는 자연은
서로에게 양보하며 내어주며 지켜주고 있노라
친구도 적도 아닌 하나였다
내 친구는 그래서 자연이라 말한다
그런데 자연은 내게 말한다
'이미 넌 친구였어…'

가족
-

한 나뭇가지에 색색의 단풍잎들이 피었다
무수히 많은 나뭇잎들은
바람에 흔들릴 때면 서로에게 비비며 서로에게 상처도 준다
뿌리가 땅 깊은 곳 양분을 전해 줄 때는 나누어 먹는다
햇빛이 비춰질 때는 그 빛을 따라서 함께 움직인다
새들이 찾아올 때는 집도 내어준다

가을이 오면 나뭇잎들을 떠나보내며,
겨울이 오면 모진 한파를 견디어 낸다
그냥 그것이 이 가족이 살아가는 방법이다
만나고 섞이며 헤어지고
그저 당연한 것이 이 가족이 살아가는 방법일 뿐이다

낙엽
-

누군가에겐 낭만적이지만
누군가에겐 노동이다

남들의 시선을 의식하지도 않은 채 뒹굴고 흐르다가
모여서는 쌓인다
그곳엔 많은 이들의 시선과 추억도 고였다

곧이어 쓰레기가 되어 버려진다는 것을 아는지
너 강하게 바람 속을 헤맨다

차가움이 쓸쓸함으로
그 쓸쓸함이 씁쓸함으로
결론적으로 모든 뿌리는 마음에 있다는 것을…

낙엽이 뒹군다
헤픈 밤이다
이유를 알 수 없는 낙엽이 나뒹군다

달
-

차갑다
따뜻하다
몽환적이다
술잔을 기울이게 한다

쉼이다
밤에 핀다
괴기적이다
만남을 기적으로 바꾼다

달을 보며 사랑하는 사람들을 떠올린다
아프고 힘들다 그래서 눈물이 달빛 속에 고인다
피던 꽃도 슬픔을 위로해 주려 고개를 숙인다

친구여…

편히 쉬세요

밤에 서 있는 내가 그대를 지켜 줄 거예요

그리고 맛있는 밤이 지나면 그대는 다시 살 거랍니다

내일 보자

모진 풍파 속의 달님이여…

푸른 하늘
-

가을날의 푸른 하늘은
파랗다
새파랗다

아!
먹는 것도 아닌데 감탄한다
배부른 영혼의 탄성이 난다
함께하는 가족이다

꽃이
나무가
사람이
건물이
자동차가
하늘과 그렇게 이야기한다

기타를 치며 노래한다
어떤 꾸밈음도 필요 없이
그저 말하듯이 툭툭 내뱉는 가사 하나가
또르륵 눈물방울 짓게 한다

기쁜데 슬프다
새들도 저 강도 내 맘도
어둠이 오기까지
흠뻑 내리는 마법은
파랗게 새파랗게 참말로 금방
스르륵 흘러가는구나

열매

-

상처와 눈물

흔적과 이겨 냄

기다림과 생명력

보살핌과 자연의 법칙

으로 탄생된 방정식의 답!

상처라 생각했다

좌절하며 주저앉았었다

세월이 흘렀는데도 아무런 기적은 없었다

연료라 생각했다

희망을 가지며 뛰었었다

지금 내게는 이루어짐이란 삶이 펼쳐졌다

순환의 결정체

법칙의 완성

맛보는 즐거움과 행복

거둬들임으로 인해 살아갈 밑천의 제공이 될

생의 답!

물
-

생명…

비로 내려서 빗물
눈에서 내려 눈물
그래서 노래가 되고

아침에 한 잔 꿀꺽
운동할 때 한 잔 벌컥
그래서 목마름을 달래고

너와 나 사이에 공간을
두 손과 마음 사이에 커피 잔으로 채우고,
구수한 물 한 모금이 기적 같은 사랑으로 자라난다

어둠을 뚫고 우주 속으로

물을 찾아 떠난다

신의 선물… 물을 찾으러

모든 살아 있는 것의 재산목록 1호…

물을 찾으러!

친구의 봄
작은 방
친구에게
엄마
아버지
자동차
전화
쇼핑
걷는다, 걸어간다
방송
식사
.
.
.

4

기억
상자를
꺼내어

친구의 봄

친구여!
자네에게 봄은 오고 있는가?
벌써 꽃은 몽우리를 내밀고
수줍은 인사를 하고 있다네

손잡고 함께 가자던 약속도
세월이 지나 겨울속에 얼어버리고
노랑 분홍 신을 신은 봄바람이
내 볼을 부비며 지나친다네

친구여!
자네에게 봄은 왔는가?
어제의 우리도 지금의 우리도
서로가 봄이 아니었던가!

난 자네가 자네는 내가 봄이었으니
눈물도 기쁨도 살아감도 모두 믿음이었네
사랑하는 사람이여 함께하는 사람이여
그대의 이름은 친구라네!

작은 방
-

작은방 구석에 손님이 찾아왔다

창문 틈새로 들어온 한줄기 밝은 손님

먼 하늘을 건너서 구름을 지나서

따스함과 함께 가슴으로 안긴다

군불을 지핀 작은방엔

겨우내 묵어 있던 나의 고민과

이리저리 펼쳐진 노트와 펜 뿐이었는데…

손님으로 어둠이 밝음으로 변화하는 순간이다

쏟아지며 비춰 주며 내게 묻는다!

내가 그대를 그리워하는 것인지

그대가 날 구속하는 것인지

여전히 할 수 없는 대답들…

작은방에 서성이다 창 너머로 눈을 던진다
뜻밖에 환하게 웃고 있는 꽃들과 새들…
언제부터였던가?
저들이 날 반겨 준 것이…

눈이 녹아 물이 되어 촉촉하게 머물고
나의 눈물과 겹치어 대지를 적신다
드디어 작은방에서 나와 세상으로
서서히 한 걸음씩 내딛는다

그래, 오늘도 수고했다
그래, 오늘도 좋은 하루였다

슬픔의 극은 기쁨으로 탄생되어지고
내일 있을 행복의 나라는
지난겨울 작은방에서 고민했던
내 모습의 흔적이리라!

친구에게

-

하루의 시작은 아침이고,
삶의 시작은 가정이다
고요함이 파동으로 이어지며
비로소 시작이 끝이 된다

그러나 끝은 항상 그 자리에 있지 않으며
시작이라는 교훈을 남긴다
세상에 앞으로 나아가고 있는 모든 것에 영향을 미치며
우리도 그 안에 있다

선명하다. 세상이!
비어 있는 배 속에 꿈틀대는
마음의 에너지 또한 선명하다
그래서 신선하다

나의 삶은 늘 여유로운 아침이어서 다행이다
그래서 작은 찻잔과 함께
잠시 편지를 띄워 보낸다

물
불
하늘
땅
바람…
그리고 친구의 꿈이 이루어지기를 바라며…

엄마 2

-

지금 창밖에는 비가 내린다
이렇게 아픈 겨울밤에
보이지 않는 겨울비가 내린다

지난 1983년 겨울
엄마의 동치미와 고구마는
지금도 내 마음속에 깊이도 남아 있다

엄마…
엄마가 세상의 전부였었는데
엄마가 없는 하늘은 너무도 무서웠는데

시간을 넘어 고향으로 간다
바람 부는 언덕에 누워 있는 나를
멀리서 엄마가 부르신다

먼 곳으로 떠나고픈 나의 마음은
늘 엄마로부터 시작되었고
엄마에서 멈추었었다

이제야 조금 이해할 수 있는 엄마와 나의
얼마 남지 않은 인연…
지금부터 해 드릴 수 있는 것도 없다

지금 아픈 비가 내리는 이유인가 보다

아버지
-

아버지가 지게를 짊어지고 연탄을 나르시던 모습이
그때는 창피했었는데
지금 돌이켜보니 왠지 안쓰럽고 감사하다

아버지가 자전거로 우묵을 나르시던 모습이
그때는 창피했었는데
지금 돌이켜보니 왠지 안쓰럽고 감사하다

그저 세월만 흘렀을 뿐인데
그저 그 세월을 걸어만 왔을 뿐인데
그때는 창피했고 지금은 감사하다니…

아버지의 인내함과 책임감이
나를 만드셨다
가던 길을 멈추신 적이 없으셨기에
나를 만드셨다

아버지는 아버지시다

아버지의 위대함은 비바람도 꺾지 못했으며

하늘의 게시판에 글을 남겼다

침묵의 글들을…

자동차
-

바람도 지나고 하늘도 지난다
새들도 따라서 날고,
강물도 따라서 흐르고

오는 세월도 가는 세월도 만난다
햇살로 따뜻하게 옷 입히고
빗물로 시원하게 씻어 내고

너에게로 간다
나에게로 온다
너와 나의 끈~
그리고 오늘 하루 함께했던 친구…

전화
-

1984년

전화가 집 안으로 들어왔다

기다렸던 이야기를 들을 수 있었다

정이 가고 정이 온다

저 너머에서는 손짓 발짓으로

이곳에서도 몸짓으로

1994년

카폰이 차 안에 들어왔다

부러움의 대상이었다

쓰기보다는 전시용이었다

스피커폰으로 이동하며

함께 탔던 사람들과 공유하며

1996년
핸드폰이 손안에 쥐어졌다

새로움이 옛것을 이별시켰다
편지와도 이별하였다
편리함에 취하며, 점점 외로워지고
사람과 벽이 생기기 시작하고

2008년
스마트폰이 사람을 지배하다

심심한 것이 없어졌지만
세상은 심심해졌다
외로움은 극에 달하며 손안의 세상은
과거부터 미래를 보게 되었는데

아~
편지를 쓰고 싶다
이 하늘에 이 세상에
그 누가 받든지 그 어느 곳에 가든지…
손에 손을 잡는 것이
손에 휴대폰보다는 나을 거란 생각이 든다

세상이 변한다 하니 휴대폰에 마음을 실어
이 계절에는 내 아내에게 편지를 써 보련다

손끝으로 전하는 목소리로…

쇼핑

-

나를 가꾸는 특별한 시간
거울 한 번 보고 나 한 번 보고

단조로운 삶을
복잡하게 가꾸고 있다

돈으로 이뤄지는 시작과 끝

그러나
시냇가에 물소리도 살 수 없고
창가에 떨어지는 빗소리도 살 수 없다

내게 있어 쇼핑이란
빈 지갑으로 마음을 가꾸는 일인 것 같다

마음껏 담으리라
있는 대로 꾸미리라

그렇게 쇼핑 중에 빗소리 삼아
부침개도 부쳐 먹고
막걸리도 조금 하련다

나는야 쇼핑광

돈 소리 없으면 어떠하리
바람 소리 들으면 되지,
차 소리 없으면 어떠하리
아이 크는 소리 들으면 되지
자랑 소리 없으면 어떠하리
사랑하는 마누라 찰진 잔소리 들으면 되지

이렇게 쇼핑은 즐겁구나!

걷는다, 걸어간다
-

긴 시간이 될지 짧은 시간이 될지 모르겠지만
걷는다. 걸어간다
온 길은 지났으니 갈 길에 기대한다

우울한가
걸어야 땅과 우주와 만나서 덜 외로울 터…

나의 구들은 땅이요 나의 지붕은 구름이라
걸으며 노래한다
세상에 먹을거리는 많다

그래서 걷는다
걸으니 배고프고 배고프니 맛나다
어머니가 해 주시던 콩가루 묻힌 인절미가 생각난다
걸으니 또 저절로 걸어가진다
보이는 곳으로…

방송
-

통하려 다가가고,

만나려 곡을 쓴다

다가가도 만나도 또 보고 싶다

사랑은 소리를 타고 전해지며

그것으로 시작된다

모습을 전하고 소리를 내어도 또 그립다

이야기를 나누고 마음도 나누고,

누군가에겐 힘이 되고 따뜻해지길 바라며…

오늘도 세월이 익어 감에

나도 당신도 세월의 방송에 출연 중이다

식사
-

하루에 두어 번
매일 비슷한 메뉴로 비슷한 시간에

그러나 늘 식사의 발견을 한다
아프리카에서 설산을 보듯이 감탄한다

오늘의 김치 맛은 어제와 다르다
오늘의 된장찌개 맛은 어제와 다르다
같은 공장에서 나온 김 맛도 어제와 다르다

바로 그대와 함께하기에
새로움을 먹기에
때론 이성적이지 않다
하지만 낭만적이다

그래서 내가 살아 있음에 감사하고 행복하다
이 모든 건 바로 그대가 차려 준 식사이기에
그대가 나와 식사하기에

나의 아내, 나의 그대…
인연으로 함께하고 함께 가는 길
오늘의 식사 한 끼가
천겁의 인연으로 이어져 가고 있다

함께
-

믿어요
'함께'라는 말이 늘 맞다는 것을

'함께해서 즐거웠다.'라는 말에
고개를 끄덕인다는 것
그것 자체가 '함께'라는 말이 맞았다는 것을 알게 됐어요
혼자인 듯했지만 이미 모든 건 함께였다는 것을…

알아요
'함께'라는 말이 늘 함께했다는 것을…

미래사회를 꿈꾸는 사람들의 입에는
늘 '함께해요.'라는 말이
모두들 바빠 죽겠다고 하지만 그것은
함께하기에 덩달아 바빠졌다는 것을…

좋아요! 기뻐요! 즐거워요! 그리고 함께해요!
최종적으로 사랑과 행복의 세상에 살아가세요
함께! 바로 함께이니 가능하지요

티브이

-

이리로 저리로 분주히 움직이는
아침은 늘 그렇다
익숙한 말소리로
훈훈한 이야기가 때론 불쾌한 이야기가…

늦은 밤 따뜻한 물 한 잔과 소파는
티브이와 마주 앉는다
내가 그 사이로 끼어 앉아 보는 둥 듣는 둥…
창밖으로 시선을 돌리고 혹시나 모를
밤하늘을 보며 별들을 찾는다

예전의 티브이에서 흘러나오는 추억은
이제 예전이 되었고…
어머니와 아버지가 함께했었던 작은방도 없어졌다
참 좋았는데…

내게 티브이란 그렇다
첨단의 결정체가 아닌
펜치로 고장 난 채널을 돌리며 흑백 드라마를 보던
그 세월의 티브이 그 이상은 아닌 듯하다

새벽으로 시간은 가고 보는 둥 마는 둥
그냥 틀어 놓은 티브이는 저절로 보여 주고 들려주고…
그래도 내 먹을 것만 먹어 가며 외면하고 지나친다

손가락 하나에 편리함이
문을 닫던 귀찮음의 재미를 앗아갔다
그저 눈으로 보는 시대로…

내일은 산으로 가야겠다
애써 힘들게 올라가서 사방을 보며
새소리 바람 소리 들으며 때론 비바람도 맞으리
영원한 나만의 티브이를 보러 가야겠다

모임
-

사랑하기에 웃어 주며 함께한다
잊어라 잠시 그리고 취하라

내일도 있는 것이 아니기에
즐겨야 한다
그래도 된다. 오늘도 힘겨웠기에…

우리는 상대방을 무너뜨리기 위해
많은 시간을 보낸다
우리는 나 자신을 지키기 위해
모든 시간을 보낸다

그러나 이 모든 것은
'우리'라는 단어 하나에 포함되어 있다

나와 너 그래서 우리…
모이면 사연이 쌓인다
그 사연은 추억으로 사랑으로 남으니
못한 것을 후회하지 말고 모임에 임해야 한다
푸짐한 음식과 함께…

아이
-

잘 웃는 아이가 있습니다
별로 웃기지도 않은 이야기인데
누군가를 위해서 주변 사람이 듣게
크게 소리 내어 웃어 줍니다

새처럼 아름다운 아이가 있습니다
하늘을 날다가 비에 젖어 찾아온
혹여 달아날까 창문을 열지도 못한 채
바라만 보다가
떠나는 뒷모습에 또 바라만 봅니다

미지의 아름다운 세상으로 떠나려는 아이가 있습니다
하늘빛도 푸르러서 온통 밝은 나날이 기다립니다
반짝이는 별이 되기로 했답니다

형
-

밤으로 가는 즈음에
나지막이 불러 본다
형…

푹신한 소파에 기대어
멍하니 퍼지는 어둠을 보며
어릴 적 형의 모습이 떠오른다

순수한 모습으로 웃어 주던
거짓 없이 날 대해 주던…
배고픔을 참지 못하는 내게 아낌없이 내어주던…
그리고 끔찍이도 사랑하던

나이차가 얼마 안 나 다툼이 많았다
때론 네 것 내 것 따져 가며
때론 상처가 되는 말들로

]지금 생각해 보면 시골길 같던 동네어귀
좁은 골목길 안에서 형은 매몰차게 동생을 때린다
울며불며 끝까지 달려드는 동생…
그런데 왜 그 모습이 지금 떠오르는지…

갑자기 그런 형이 보고 싶다
볼 수도 들을 수도 없는 그런 형이 보고 싶다

아무 때나 불쑥불쑥 튀어나오는 슬픔을
추억으로 바꾸며 간직한다

아…
사랑이란 것은 시간과는 관계없다는 것을 알았다
이렇게 시간이 흘렀는데도 말이다
아직도 아니, 죽어도 끝나지 않을 것 같다

흐르고 흐르고 흘러서

만나고 만나고 만나서

울어도 울어도 울어서

누르고 누르고 눌러서

형이어서 동생이어서 행복했음을…

형

그 이름은…

영원히 끝나지 않을

내 한 많은 사랑의 이름이다

팔레트
이어폰
화장품
벤치
돈
트리
상
커피
노래
신발
문

5

삶의
작은
일부들

팔레트

-

아침을 짜고 점심을 짜고 저녁을 짜고
나를 짜 넣고 비볐더니 나의 하루가 되었다

나의 현실을 짜고 나의 꿈을 짜고
나의 가족을 짜 넣고 비볐더니 나의 인생이 되었다

?를 짜고 ?를 짜고
?를 짜 넣고 비볐더니 나의 ?가 되었다

단 한순간이라도 살아가려면 짜 넣어야 한다
오늘 난 또 어떤 것을 짜 넣을까?

무한 사랑을 짜 넣고 무한행복을 짜 넣고
무한 돈을 짜 넣고 비벼대면
아마도 진짜 사랑도 진짜 행복도
진짜 돈도 느끼지 못하겠지?

이만큼 부족하고 이만큼 바보 같은 것이
내게 맞는 그림일 거다
거기에 맞게 꾹꾹 짜 넣어 봐야겠다
그저 적당히…

나는 지금 슬픈 과거를 짜 넣고
불편한 오늘을 짜 넣고
꿈을 실은 미래를 짜 넣고 비빈다
그리다 만 그림 속에 색감이 가득 채워질 수 있도록!

이어폰

-

나만의 시간에 취한다
들려오는 소리에 저절로 길이 걸어지고,
보여지는 세상이 온통 음악이다

나는 내 멋대로 살아가고
너는 네 멋대로 살아가며,
누구와도 섞일 필요가 없다

눈을 감아도 보인다
어느 공간 속에 놓여지며,
영화가 되고 주인공이 된다

길을 걷다가 슬퍼서 고개 숙이고
가슴이 터질듯해서 들썩여지고,
갈 곳은 어느새 나타난다

천국과 지금…
그것은 이어폰을 낀 세상과 벗은 세상의 차이…

화장품
-

우주는 별을 품고 있으며
화장품은 얼굴을 품고 있다
동굴이 박쥐를 품고 있듯이…

아 이때 향긋한 꽃향기 한줄기가 나에게 스며든다
재료의 맛이 뛰쳐 나뒹군다

화장품!
그것은
바르고 칠하며 꾸미는 당신에게
가장 행복한 하루가 되길 바라는 행위의 기도!

벤치

-

나는 가고 너는 오고
비도 내리고
햇빛도 비추고
눈도 내리고 사라지는데

날은 어두워지고
그 거리 그 벤치는 그곳에 멈춰 있다

연인들이 쉬어 가며 앉았고 산책 나온 사람도 앉았고
바람은 지나며 씻기고 달빛은 비추며 취하게 하고,
사연으로 사연이 사연 되어 쌓인다

떨어진 낙엽이 이쁜 밤이다
벤치는 생을 다한 낙엽을 앉힌다
꿈꾸는 자가 있기에 겨울은
봄을 대기하는 희망의 시공이리라

돈
-

기차를 타고 여행을 떠나는 사람이여
어느 곳으로 향하는 길이십니까?
그저 한편의 시집 하나 끼고
갈 곳일랑 빨랑 가오

헐벗고 굶주린 외로운 사람이여
밥 한 숟가락 뜨고 가오
따뜻한 이웃이 되어 곁에 앉아 있을 테니
체하지 않게 쉬엄쉬엄 뜨고 가오

높디높은 구름 찾아 길을 가는 사람이여
어딜 그리 급히 가십니까?
산을 찾아 가려거든 힘들게 오르지 말고
제대로 만나고 오시구려…

굵은 책을 읽고 읽는 배우는 사람이여
재미난 이야기 하나 들려주오
나도 멈춰 귀 기울여 찬찬히 들을 테니
가감 없이 재미나게 들려주오

돈
이 정도만 쓰면 되고 다 놓고 가렵니다
가진 돈도 남은 돈도 다 놓고 가렵니다
뭐 할라고 옳다 생각하고 죽도록 번답니까?
당신도 결국엔 나처럼 놓고 갈 텐데…

트리

-

불빛이 서성이다 나를 보고 멈춘다
온방을 비추는 온기가 여름의 그것과는 다르다
내 눈빛에 들어오고 내 마음에서 나간다
너풀너풀 그리고 빙그르르 웃고 있다

검은 밤에 잠을 깨어 암흑과 소통한다
온 세상을 팬들 삼아 열심히도 춤을 춘다
별도 있고 달도 있고 금방울 은방울도 있다
불빛들은 별빛도 달빛도 되어 방울방울 열린다

벌써 세월은 빠르니 겨울이다
눈보라가 치고 세상은 얼어서 더욱 겨울과 같다
따뜻한 이웃이 있다고 불을 밝힌다
미움도 녹고 사랑도 녹고 세월도 녹인다

트리

가는 길목에 서 있는 두 번째 애인,

오는 길목에 서 있는 막둥이 딸이다

상
-

밥상 받을 때가 젤 좋았던 내가
표창을 받는다는 소식에 반신반의했었다
그리고 내게로 온 상…

상 자체보다 부상에 관심이 있으며
서먹서먹하다

반짝이는 별들이 빈 의자에 앉아서
나와 마주한다
달빛에 취하고 있는 내 모습에 별빛으로
덧칠한다

상…
그래도 난 아내에게 받는 밥상이 더 좋은 것을~

커피

-

쓰디쓴 콩 하나가 나를 지배한다
난 노예다
내가 할 수 있는 것은 향기 한 번 맡고
서서히 마셔 주는 것

더위에 지칠 때
추위에 떨 때도
쓸쓸한 가을날에도
연인과 만날 때도

낮을 가린다
밤을 녹인다

소망하는 것이 비는 것으로
이루어질 수 있다면
하는 고민으로 커피 한 잔에 세월을 마신다

노래
-

봄이 온다 하여 노래하고
꽃이 핀다 하여 노래하고
사랑한다 하여 노래하고
이별이라 하여 노래하네

여름 왔다 하여 노래하고
비가 온다 하여 노래하고
여행 간다 하여 노래하고
밤이 깊다 하여 노래하네

노래는 바람을 타고 하늘로 날아올라
흰 구름이 되어 두둥실 떠간다

가을이라 하여 노래하고
낙엽 진다 하여 노래하고
열매 딴다 하여 노래하고
눈물 난다 하여 노래하네

겨울 왔다 하여 노래하고
흰 눈 온다 하여 노래하고
세월 간다 하여 노래하고
새해 온다 하여 노래하네

이로써
봄 여름 가을 겨울은 노래로 춤을 추고
사랑 이별 눈물 감동은 노래로 불려지네
특별한 것도 없으나 너무도 특별한 이야기
그것이 노래다!

신발

-

이리 치이고 저리 치이고
주인을 위해서 분주히도 다닌다
때로는 화장실에서 오물이 묻기도 하고,
때로는 비어 젖어서 냄새가 나기도 한다

땅과 아스팔트와 만나고 아쉬운 이별도 하고
봄 여름 가을 겨울 폼 나게 살다 간다

그러나 누구나 신발을 벗는다
세상과 이별하는 친구들도
혼자만의 시간을 가질 때도

그래, 벗어 버리자,
이제 나의 신발은 지구이다
까칠한 나를 서게 해 준 나의 신발

때로는 자유

때로는 구속

그렇기에

거대한 역사는 작은 신발에서 시작되었다!

문

바람도 들어오고 나가고
나도 들어오고 나가고

세상과 닿기도 하고
세상과 닫기도 하고

들어가기 위해 노력하고
나오기 위해 노력하고

이 문일까 저 문일까 고민하고
열린 문과 닫힌 문을 구분해야 하고

들락날락 바람처럼 지나는 세월은
오랫동안 함께했구나
통하는구나…
꼭 너만을!